Lorsque la plupart des enfants jouent au baseb
Mais ce n'est pas ce qui arrive quand on a un prof
Mme Friselis.

Dans notre classe, quand nous jouons au baseball, nous partons en autobus!

3

Tout commence à la récréation. Nous jouons au baseball. Raphaël est au bâton, Catherine lance. Les autres élèves occupent leur position sur le terrain. Mais il manque quelque chose.

— Hé, Catherine, où est le marbre? demande Raphaël.

— Il n'y en a pas, répond Catherine. Fais semblant.

Mais je n'aurai pas de but à toucher quand j'aurai frappé un circuit!

4

L'autobus magique

joue au baseball

Un livre sur les forces

Les éditions Scholastic

D'après un épisode de la série télévisée animée
produite par Scholastic Productions Inc.,
inspirée des livres *L'autobus magique*
écrits par Joanna Cole et illustrés par Bruce Degen.

Adaptation du livre d'après la série télévisée de Nancy E. Krulik, illustrations de Art Ruiz.
Scénario de télévision de John May, Brian Meehl et Jocelyn Stevenson.
Texte français de Lucie Duchesne.

Données de catalogage avant publication (Canada)

Cole, Joanna
    L'autobus magique joue au baseball : un livre sur les forces

Traduction de : The magic school bus plays ball.
ISBN 0-439-98624-9

1. Force et énergie – Ouvrages pour la jeunesse. 2. Mécanique – Ouvrages pour la
jeunesse. 3. Frottement – Ouvrages pour la jeunesse. 4. Mouvement – Ouvrages
pour la jeunesse. I. Degen, Bruce. II. Duchesne, Lucie. III. Titre.

QC127.4.C6414 2001   j531   C00-932988-9

Édition publiée par Les éditions Scholastic, 175 Hillmount Road,
Markham (Ontario) L6C 1Z7

4 3 2 1   Imprimé au Canada   01 02 03 04

Catherine amorce son élan. Elle lève la jambe gauche, se penche vers l'arrière et...

Soudain, Hélène-Marie arrive en trombe sur le terrain.

— Hé, vous autres! crie-t-elle. Regardez ça! C'est génial!

— Hélène-Marie! dit Raphaël en grognant. Pas maintenant. Je ne suis qu'à une frappe de figurer dans le livre des records.

— Mais il faut que vous voyiez ça. Ce livre va changer vos vies, poursuit Hélène-Marie.

Le livre s'intitule *La physique pour débutants*.

Nous éclatons tous de rire. Changer nos vies? Elle se moque de nous?

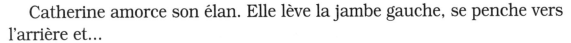

Je crois que j'attendrai la première du film, Hélène-Marie.

— Je suis vraiment content pour toi, Hélène-Marie, dit Raphaël. Mais maintenant, j'ai un coup de circuit victorieux à frapper.

— Mais tu ne comprends pas, dit Hélène-Marie. Ce livre explique pourquoi les objets bougent et ce qui les fait s'arrêter. Les forces! La friction! La poussée! La traction!

Rien ne peut arrêter Hélène-Marie lorsqu'elle est partie :

— Alors, imaginez un grand traîneau rouge sur la neige, explique-t-elle. Il ne va nulle part. Mais si quelqu'un le pousse, il avancera. C'est une force.

Hélène-Marie poursuit : — Le traîneau continuera à avancer jusqu'à ce que quelque chose l'arrête, comme de la terre. Les choses qui frottent l'une contre l'autre causent une force appelée friction. Et le traîneau s'arrête parce que la terre le pousse dans la direction opposée à celle où il va. Cette force exercée contre les patins est la friction en action. La friction ralentit et arrête presque tout mouvement sur Terre.

D'accord, nous savons maintenant ce qu'est la friction. Mais nous ne savons pas pourquoi Hélène-Marie pense que c'est si important.

Raphaël en a assez d'entendre parler de la friction. Il prend son bâton et tape le sol, là où devrait être le marbre. Puis il pense au livre d'Hélène-Marie. « Le livre serait un marbre idéal », se dit Raphaël. Il est plat, blanc et exactement de la bonne dimension.

— Hé, Hélène-Marie, ton livre a l'air super, dit-il.

— Mais oui, Raphaël, répond Hélène-Marie qui se réjouit de voir que Raphaël veut le lire. Et regarde ça, à la page quatre-vingt-dix-sept.

Raphaël regarde la page. On y voit le dessin d'un terrain de baseball.

— Ce serait impossible de jouer au baseball sur ce terrain-là, explique Hélène-Marie à Raphaël. Il n'y a pas de friction dans le livre.

8

Raphaël sourit. Maintenant, il a un marbre.

— Au jeu! crie-t-il.

Mais avant que nous puissions retourner sur le terrain, nous entendons un coup de klaxon familier venant du terrain de stationnement. C'est l'autobus magique!

— Tout le monde à bord! crie Mme Friselis, assise derrière le volant.

Nous courons vers l'autobus. Dans sa hâte, Raphaël laisse tomber le livre d'Hélène-Marie.

Mais Mme Friselis, nous sommes au milieu d'un match important!

Ce n'est qu'une interruption pour faire une excursion, Raphaël. Explorons l'inconnu. Soyez braves! Aventureux! Intrépides!

— Aujourd'hui, nous allons à un match de baseball, annonce Mme Friselis. Nous ne comprenons pas. Un match de baseball n'est pas quelque chose de nouveau, ou de différent, d'excitant, comme nos excursions habituelles.

— Mme Friselis, pourrions-nous aller à un endroit vraiment inhabituel? demande Hélène-Marie, en se tournant vers Raphaël. Un endroit comme celui que je t'ai montré, Raphaël. Tu sais, la page quatre-vingt-dix-sept. Montre-leur.

Raphaël regarde par la fenêtre lorsque nous longeons le terrain de baseball. Hélène-Marie suit son regard. Elle avale de travers : son livre est resté par terre.

Une excursion? D'accord, tant que nous n'explosons pas, que nous ne sommes pas rôtis ni mangés.

Ne t'inquiète pas, Jérôme. Ce sera pour la semaine prochaine.

— Raphaël! Comment as-tu pu faire ça? demande Hélène-Marie.

— Ne t'en fais pas, Hélène-Marie, lui assure Mme Friselis. Nous allons récupérer ton livre et Raphaël aussi sera heureux. Autobus! Fais ton devoir! crie-t-elle.

L'autobus magique fonce dans le terrain de jeux, en direction du livre d'Hélène-Marie. L'autobus tourne et tourne autour. Le livre d'Hélène-Marie s'ouvre et… nous y entrons directement!

Nous regardons par les fenêtres
pendant que les pages tournent.

— Mme Friselis! Arrêtez ici! crie Hélène-Marie,
tout excitée. C'est la page quatre-vingt-dix-sept! La page
dont je parlais! Et c'est au sujet d'un Monde sans friction!

— Pour moi, ça ressemble au Monde du baseball! dit Raphaël.

L'autobus s'arrête. Raphaël descend en courant.

— Venez! lance-t-il.

— Raphaël, attention! le prévient Hélène-Marie. Le sol de ce
terrain n'a pas de friction!

Aucune force, comme la friction de ses pieds sur le sol, ne le repousse : Raphaël ne peut pas s'arrêter. Il rebondit sur un des murs, glisse à travers le champ et fonce dans un autre mur.

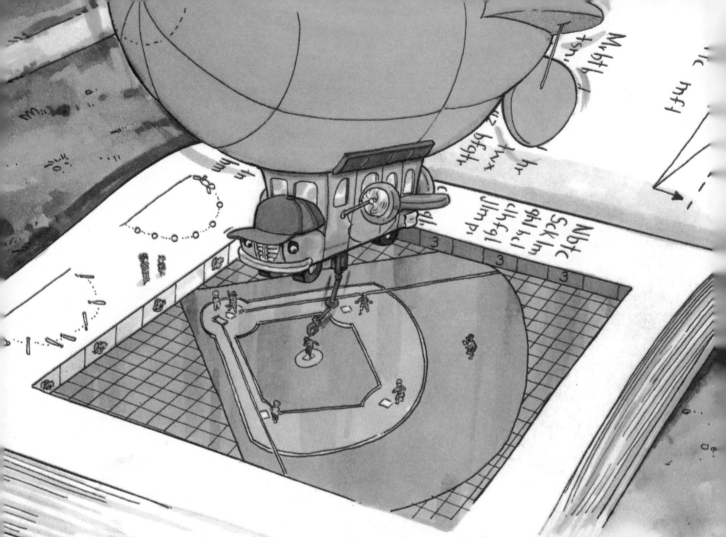

Nous descendons sur le terrain. Nous glissons et dérapons sur le gazon. C'est comme patiner sur la glace, mais sans patins.

Mme Friselis lance un coup de sifflet. Le match va commencer. Mais sans friction pour nous arrêter, nous n'arrivons pas à nous rendre à nos positions. Que faire?

Au même moment, l'autobus passe au-dessus de nous. Il est devenu un dirigeable magique. Liza est au volant et appuie sur un bouton. Une grue géante descend de l'autobus. Elle nous soulève comme des quilles et nous place à nos positions sur le terrain.

— Au jeu! crie Mme Friselis.

— Bienvenue à la Classique Frisette de baseball sans friction, annonce Mme Friselis dans son microphone. Ce terrain n'a pas de friction, nous répétons, *pas* de friction!

— Eh bien, chers amateurs, croyez-le ou non, mais nous sommes en direct de mon livre de sciences, ajoute Hélène-Marie. Notre terrain est plus glissant qu'une patinoire!

Mme Friselis, où avez-vous appris à commenter un match?

C'est étonnant ce que les professeurs font pendant l'été.

Catherine est prête à lancer sa première balle. Elle lève la jambe, envoie son bras en arrière et lance de toutes ses forces vers le marbre. La balle file en direction de Raphaël, mais Catherine glisse à reculons vers le deuxième but.

— Et regardez bien, annonce Hélène-Marie. La force utilisée par Catherine a propulsé la balle et l'a fait reculer vers le deuxième but.

Raphaël suit la balle des yeux. Il s'élance lorsqu'elle passe par-dessus le marbre. *Crac!* Raphaël cogne un coup en flèche le long de la ligne du troisième but. Carlos essaie d'attraper la balle. Mais sans friction pour la ralentir, elle va beaucoup trop vite pour qu'il l'intercepte : elle file à côté de lui.

Nous attendons que Raphaël coure au premier but. Mais il ne court pas. La force de son élan au bâton le fait tourner sur lui-même. Raphaël *tournoie* jusqu'au premier but et il continue en contournant les buts.

Juste au moment où il approche du marbre, Raphaël fonce directement sur Hélène-Marie! Ils s'attrapent par les poignets et tournoient autour du terrain.

— Mme Friselis, suggère Hélène-Marie, je crois que nous devrions interrompre ce match, à cause du manque de friction.

Mme Friselis accepte.

— Partie remise! crie-t-elle.

Il est temps de remonter dans l'autobus et de revenir dans un monde où *il y a* de la friction.

Liza prend une épingle de l'autobus et crève le dirigeable, comme si c'était un ballon. L'autobus continue en filant et nous atterrissons enfin sans problème juste à côté du terrain de baseball sans friction.

Maintenant, tout ce que nous avons à faire c'est de monter à bord. Mais sans friction pour nous aider à marcher, comment atteindre l'autobus?

Soudain, l'enjoliveur du capot avant de l'autobus se propulse en un éclair, entraînant un câble et va s'accrocher à un mur de l'autre côté du terrain.

— Agrippez-vous, les enfants, ordonne Mme Friselis.

Nous saisissons le câble à pleines mains.

— Une poussée est une force qui peut nous faire avancer, dit Mme Friselis. Quelle est la force contraire?

— Une traction, articule péniblement Catherine, solidement agrippée au câble.

— Excellent! dit Mme Friselis en souriant.

Alors, une main par-dessus l'autre, nous *tirons* le long de la corde pour quitter le terrain.

Je savais que j'aurais dû rester à la maison aujourd'hui.

19

Nous ne savions pas que la friction était une force aussi importante. Nous avons tous offert nos excuses à Hélène-Marie pour avoir ri d'elle.

— Hé! s'exclame Catherine. Tu avais raison, Hélène-Marie.

— Est-ce que je peux emprunter ton livre quand Raphaël l'aura terminé? demande Thomas.

— Moi aussi? dit Jérôme.

— Et ensuite moi? ajoute Carlos.

— Un instant, les interrompt Raphaël. Personne ne peut avoir le livre tant que nous n'en sommes pas sortis!

À mon ancienne école, ce sont des <u>fleurs</u> qu'on mettait en presse.

Nous montons dans l'autobus, nous nous assoyons et nous bouclons nos ceintures. Il vente à l'extérieur, alors nous fermons bien les fenêtres.

— Et on repart! dit Mme Friselis.

Elle va pour démarrer le moteur. Mais avant que l'autobus commence à avancer, nous entendons un énorme *BOUM!* effrayant.

Le vent a soulevé la couverture du livre d'Hélène-Marie et l'a lancée (et environ 50 pages) en plein sur l'autobus!

Nous devons sortir d'ici... et vite!

— Quelqu'un a une suggestion, les enfants? demande Mme Friselis.

— Il vaudrait mieux accélérer, Mme Friselis, propose Catherine.

Mme Friselis appuie sur l'accélérateur. Le moteur rugit. Les roues tournent. Mais l'autobus ne bouge pas.

— Oh non! s'exclame Hélène-Marie. La couverture du livre exerce une pression si forte sur nous qu'elle crée trop de friction pour que les roues puissent nous pousser hors d'ici!

Nous sommes coincé-é-é-és!

Les rats de bibliothèque vont se régaler!

— J'ai du mal à y croire! dit Raphaël. Nous sommes coincés dans le livre d'Hélène-Marie.

— Qu'est-ce qui va nous arriver si nous ne pouvons pas sortir? demande Pascale nerveusement.

— Il y a toujours un moyen de s'en sortir, répond Mme Friselis avec un petit sourire. Suivez-moi, les enfants.

Elle ouvre la porte de l'autobus et saute à l'extérieur. Nous ne voulons vraiment pas sortir de l'autobus, mais nous ne voulons pas rester coincés à l'intérieur du livre sans notre professeur. Alors nous suivons Mme Friselis sur la page quatre-vingt-dix-sept du livre d'Hélène-Marie.

23

Kisha essaie de résumer la situation :

— D'accord, mais où en sommes-nous? demande-t-elle.

— Heu... quelque part entre les pages quatre-vingt-seize et quatre-vingt-dix-sept, dit Carlos en riant.

Kisha fronce les sourcils. Ce n'est *pas* ce qu'elle voulait dire!

— Carlos! le gronde-t-elle.

— Hé, je voulais juste alléger l'atmosphère! dit-il en s'excusant.

Thomas sourit. Carlos vient de lui donner une bonne idée!

— Alléger! s'exclame Thomas. C'est ça! Nous allons grimper sur le toit et *pousser* sur le livre.

Kisha le regarde :

— Tu veux dire que nous devons tenir le livre ouvert, monter dans l'autobus et partir...

Tim acquiesce.

— Comment? lui demande Jérôme.

— Bonne question, Jérôme, souligne Mme Friselis. Quelqu'un a une réponse?

Hélène-Marie a une autre idée.

— Regardez : les lettres se détachent du livre, dit-elle en retirant un *t* minuscule. Nous allons nous séparer en équipes. L'équipe de Raphaël monte sur le toit de l'autobus et appuie sur le livre. En même temps, mon équipe empile des lettres près du centre du livre. Cela maintiendra le livre ouvert le temps de remonter dans l'autobus et de repartir.

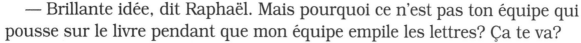

— Brillante idée, dit Raphaël. Mais pourquoi ce n'est pas ton équipe qui pousse sur le livre pendant que mon équipe empile les lettres? Ça te va?

— Pas du tout! répond-elle d'un ton fâché.

— Oui, ça va aller! persiste Raphaël.

— Non! déclare Hélène-Marie.

Jérôme s'approche et interrompt leur discussion :

— Heu... Hélène-Marie, qu'est-ce qui fait que tout s'arrête?

Hélène-Marie ne sait pas trop quoi répondre. Pourquoi Jérôme choisit-il ce moment pour lui poser cette question?

— La friction? suggère-t-elle.

Jérôme se tourne vers Raphaël et lui demande :

— S'il y a beaucoup de friction, on ne peut aller nulle part. N'est-ce pas, Raphaël?

Raphaël acquiesce.

— Alors, poursuit Jérôme, je crois qu'il y a trop de friction entre vous deux pour que nous réussissions à sortir de ce livre...

— Nous devons éliminer les frictions entre nous deux, répondent ensemble Hélène-Marie et Raphaël en se serrant les mains.

28

Il nous a fallu plus de temps, mais nous avons finalement empilé assez de lettres au centre du livre pour que la couverture reste ouverte. Mme Friselis nous a ramenés dans l'autobus, et nous sommes sortis en trombe du livre d'Hélène-Marie.

Dès que l'autobus s'arrête sur le terrain de baseball de l'école, Raphaël se précipite vers la porte.

— Attends, Raphaël, prévient Hélène-Marie. Souviens-toi de ce qui est arrivé la dernière fois que tu es sorti aussi vite de l'autobus.

Raphaël hoche la tête. Hélène-Marie se place devant lui et descend lentement de l'autobus. Elle bouge son pied d'avant en arrière dans le sable.

— Pas de problème! Pas de friction! assure-t-elle à Raphaël.

Nous avons tellement hâte de jouer au baseball ultra-friction. Hélène-Marie est la première au bâton. Catherine lance la balle, Hélène-Marie s'élance et... *clac*! Elle a exercé énormément de force sur cette balle.

Carlos est au champ gauche. Sera-t-il capable d'appliquer *sa* force et d'intercepter la balle? Carlos lève son gant, mais la balle passe par-dessus sa tête. Enfin, la balle tombe au sol et roule. Heureusement pour Carlos, la friction, causée par l'herbe qui exerce une poussée contre le mouvement de la balle vers l'avant, ralentit celle-ci et l'arrête.

Carlos récupère la balle et la lance à l'avant-champ. Hélène-Marie glisse au marbre. *Mais où est-il?*

Il nous a fallu un moment pour trouver le marbre. Raphaël était en train de le *lire*!

— Hélène-Marie avait raison, dit-il. Ce livre est génial!

Comme je le dis toujours, la lecture livre tous les secrets!

Lettres à l'éditeur

Monsieur l'éditeur,

J'ai cherché de toutes mes forces un exemplaire du livre d'Hélène-Marie. Je suis allé à ma bibliothèque et je n'ai rien trouvé dans la section des livres scientifiques. Est-ce que cela veut dire que je devrais aller dans la section « science-friction »? J'espère avoir une réponse.

Un admirateur de Frisette

Cher admirateur de Frisette,

Ce livre est introuvable, même dans la section « science-friction ». Cependant, tu peux faire des expériences sur la friction sans même t'en rendre compte, chaque fois que tu descends une côte en traîneau, que tu fais de la planche à roulettes, du ski nautique ou du ski de fond. Il y a de la friction partout autour de nous. Mais parfois, il y en a moins à certains endroits.

— L'éditeur

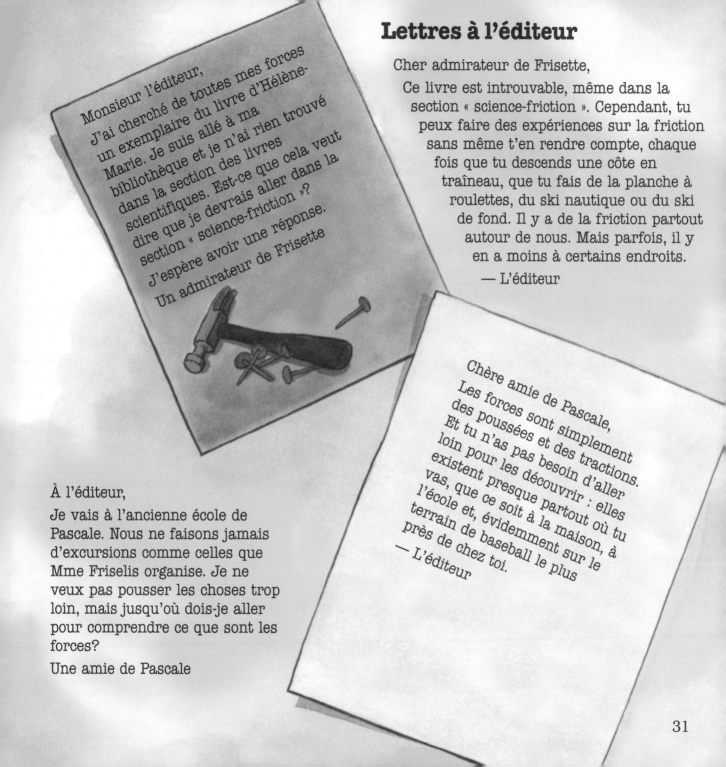

À l'éditeur,

Je vais à l'ancienne école de Pascale. Nous ne faisons jamais d'excursions comme celles que Mme Friselis organise. Je ne veux pas pousser les choses trop loin, mais jusqu'où dois-je aller pour comprendre ce que sont les forces?

Une amie de Pascale

Chère amie de Pascale,

Les forces sont simplement des poussées et des tractions. Et tu n'as pas besoin d'aller loin pour les découvrir : elles existent presque partout où tu vas, que ce soit à la maison, à l'école et, évidemment sur le terrain de baseball le plus près de chez toi.

— L'éditeur

En direct du bureau de Mme Friselis
Note aux parents, aux enseignants et aux enfants

Courez des risques! Posez des questions! Partez en excursion... dans la cour de votre maison! Voici deux façons de faire des expériences sur les forces et le mouvement.

1. Le tir à la corde

Les forces sont des poussées et des tractions. Toutes les poussées et les tractions exercent une force différente, selon l'effort déployé en poussant ou en tirant. Lorsque deux équipes équivalentes jouent au tir à la corde et que le match est nul, les deux tractions se sont donc annulées. Mais si on ajoute un membre à une équipe, il est évident qu'il y aura plus de force de ce côté.

2. Le ballon-pied

Si tu as un ballon, tu peux faire l'expérience de la friction. Nous savons que la friction fonctionne en poussant dans la direction contraire à celle de l'objet en mouvement. Mais différentes surfaces exercent un degré de friction différent. Quelle surface exerce le plus de friction : le sable, l'herbe, le ciment ou le bois lisse? Pour le découvrir, donne un coup de pied à ton ballon pour le faire rouler sur chacune de ces différentes surfaces. Tu constateras que plus la surface est glissante, moins il y a de friction.

Mme Friselis